# 제인 구달

# 제인 구달

유은실 글 서영아 그림

비룡소

아이가 사라졌어요. 다섯 살짜리 여자아이가 몇 시간째 보이지 않았지요.
"제인, 어디 있는 거니! 제인!"
온 가족이 마을을 구석구석 뒤졌지만, 날이 어두워지도록 아무도 아이를 찾지 못했어요.

"아무래도 경찰에 알려야겠어요."

아이의 엄마는 금방이라도 눈물이 쏟아질 것 같았어요. 그때였어요. 닭장 옆에서 무언가가 꼬물거렸어요.

"엄마! 봤어요!"

닭장에서 기어 나온 아이는 온몸이 지푸라기투성이였어요. 머리카락도 엉망으로 헝클어져 있었지요. 하지만 얼굴에는 기쁨이 가득했어요.

엄마는 말없이 사라진 아이를 혼내는 대신, 조용히 물었어요.

"무얼 본 거니, 제인? 모두가 너를 찾고 있었단다."

"닭이 알 낳는 걸 봤어요. 닭의 다리 사이로 둥근 알이 쏙 나오더니, 지푸라기에 뿅 떨어졌어요!"

아이는 눈을 반짝이며 암탉이 어떻게 알을 낳았는지 이야기했어요.

"어제 닭을 따라 닭장에 들어갔을 때는 닭이 꼬꼬댁 날아가 버렸어요. 그래서 오늘은 미리 닭장에 들어가서 숨어 있었어요. 닭이 들어와서 알을 낳을 때까지요!"

이 아이가 바로 세계적인 동물 행동학자 제인 구달이에요. 이 일은 제인 구달의 첫 번째 동물 관찰이었지요.

　제인 구달은 1934년 4월 3일 영국 런던에서 태어났어요. 하지만 제인은 어린 시절의 대부분을 영국 남부 해안에 있는 본머스에서 보냈어요. 제인이 다섯 살 때인 1939년, 제2차 세계 대전이 일어났기 때문이에요.
　아버지가 군대에 들어가자 제인은 엄마, 동생 주디와 함께 본머스에 있는 외갓집으로 이사했어요. 제인은 외갓집이 무척 마음에 들었어요. 널찍한 정원을 이리저리 누비며 나무를 오르고 새와 동물들을 관찰하다 보면 시간 가는 줄 몰랐지요.

겨울이 오면 제인은 벽난로 앞에 웅크리고 앉아 책을 읽었어요. 일곱 살 때 엄마가 도서관에서 빌려 준 『둘리틀 선생 이야기』는 제인이 가장 좋아한 책 중 하나였어요. 제인은 도서관에 돌려줄 때까지 그 책을 세 번이나 읽었어요. 밤에는 이불 밑에서 손전등을 켜고 책을 보았지요.

그해 크리스마스에 할머니가 『둘리틀 선생 이야기』를 선물로 주었어요.

"고맙습니다, 할머니! 이제 둘리틀 선생님이랑 헤어지지 않아도 돼요."

제인은 책을 품에 안고 폴짝폴짝 뛰었어요.

제인은 동물이 나오는 책은 무엇이든 좋아했어요.

인도의 정글에서 동물들과 함께 자란 소년 모글리의 모험 이야기를 담은 『정글 북』, 새로운 것을 좋아하는 두꺼비 토드와 영리한 물쥐 워터 래트, 마음이 따뜻한 오소리 배저, 호기심 많은 두더지 모울의 모험을 그린 『버드나무에 부는 바람』은 시간 가는 줄 모르고 봤지요. 또 『샬롯의 거미줄』을 읽고는 돼지 윌버와 사랑에 빠지기도 했어요.

하지만 그중에서도 『타잔』만큼 제인의 마음을 설레게 한 것은 없었어요. 열한 살 때 『타잔』을 읽은 제인은 가슴이 터질 것만 같았어요.

『타잔』은 아프리카 밀림을 탐험하던 영국인 부부가 사고로 죽은 뒤, 부부의 아들인 타잔이 동물들과 함께 자라며 벌어지는 이야기예요. 제인은 타잔과 함께 밀림을 누비는 상상을 할 때마다 가슴이 두근거렸어요.

"나도 타잔처럼 아프리카에서 살 거야. 야생 동물이랑 살면서 동물에 대한 책을 쓸 거야."

제인은 굳게 결심했어요.

제인은 책을 읽는 데서 그치지 않고, 집 주위의 자연과 동물들을 관찰하는 악어 클럽을 만들었어요. 제인은 악어 클럽 회장이었고 동생 주디와 친구 샐리, 샐리의 동생 수는 회원이었어요. 제인과 악어 클럽 회원들은 집 근처를 산책하면서 자연을 관찰하고, 새로 발견한 곤충이나 새의 이름을 기록했어요.

여름 방학 때 악어 클럽은 온실에 박물관을 만들었어요. 납작하게 말린 꽃, 해변에서 찾은 조개껍데기, 삼촌이 의과 대학에 다닐 때 쓰던 해골을 전시했지요.

"악어 클럽 박물관에 구경 오세요!"

수와 주디가 거리로 나가 박물관을 알렸어요.

"너희가 이걸 다 모은 거니? 대단하구나!"

어른들은 칭찬을 아끼지 않았어요.

악어 클럽은 박물관 입장료로 모은 3파운드 13실링 65펜스를 '늙은 말 구조 협회'에 기부했어요. 제인과 악어 클럽 회원들 덕분에 늙은 말은 도살장에 끌려가는 대신, 작은 농장에서 풀을 뜯으며 살 수 있었지요.

토요일이면 제인은 승마장에 가서 마구간 일을 도왔어요. 말과 조랑말들을 보살피고, 말안장과 고삐를 깨끗이 닦았지요. 또 말 타는 법도 배웠어요.
　곧 제인은 말을 아주 잘 타게 되었어요. 말을 타고 여우 사냥도 나갔어요. 하지만 첫 번째 여우 사냥 이후 제인은 다시는 사냥에 나가지 않았어요. 사냥꾼들은 지친 여우를 사냥개에게 던졌고, 사냥개는 여우를 마구 물어뜯었어요. 제인은 그 끔찍한 모습에 몸서리를 쳤어요.

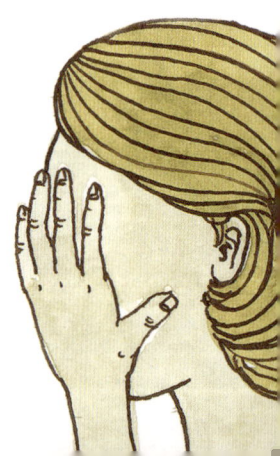

제인은 사람들이 자기보다 약한 사람이나 동물에게 함부로 대하는 걸 견디지 못했어요. 제2차 세계 대전이 끝날 무렵 신문에서 본 '죽음의 수용소' 사진도 오랫동안 잊지 못했지요.

죽음의 수용소는 제2차 세계 대전 동안 독일의 총통 히틀러와 그가 이끄는 나치스가 유대인들을 없애기 위해 유럽 곳곳에 만든 곳이에요. 나치스는 수용소의 유대인들에게 먹을 것을 거의 주지 않고 힘든 일을 마구 시키며 못살게 굴었어요.

'어떻게 사람이 이렇게 잔인할 수 있지?'

제인은 앙상하게 뼈만 남은 사진 속 유대인들의 모습에 너무나 마음이 아팠어요.

제인은 공부도 곧잘 했어요. 특히 영어, 생물, 역사 과목의 성적이 뛰어났지요. 고등학교를 졸업할 때는 글 잘 쓰는 학생에게 주는 '맥닐에세이상'도 받았어요. 하지만 수학, 외국어처럼 관심이 없는 과목의 성적은 좋지 않았어요. 그래서 대학 입학 장학금을 받지 못했지요.

제인은 대학에 가는 것을 포기하고 런던에 있는 퀸즈 비서 학교에 들어갔어요. 그곳에서 타자 치는 법, 글을 빨리 적는 법, 장부 정리하는 법을 배웠지요. 학교를 졸업한 뒤 제인은 병원에서 타자 치는 일을 했어요. 대학교에서 서류 정리 하는 일도 하고, 다큐멘터리 영화를 만드는 곳에서 일하기도 했어요.

하지만 그러는 동안에도 제인은 단 한 번도 아프리카에 가겠다는 꿈을 포기하지 않았어요. 제인은 틈나는 대로 자연사 박물관에 다니며, 아프리카와 동물에 대한 책을 읽었어요.

언젠가 아프리카에 갈 거야.

어느 날 제인은 '러스티'가 차에 치여 죽었다는 충격적인 소식을 들었어요. 러스티는 제인의 이웃에 살던 개예요.

러스티는 제인에게 동물도 생각할 줄 알고 감정을 갖고 있다는 것을 가르쳐 주었어요. 잘못한 일이 있을 때 러스티는 등을 대고 누워 이를 드러내며 제인에게 사과했어요. 하지만 자신이 괜찮다고 생각하는 일에 제인이 화를 내면 뿌루퉁해져서 고개를 돌려 버렸지요.

1956년 12월, 러스티의 죽음으로 슬픔에 빠진 제인에게 편지 한 통이 날아왔어요. 어릴 적 친구 클로가 보낸 편지였어요.

"제인, 우리 부모님이 아프리카 케냐에 농장을 사셨어. 한번 놀러 오지 않을래?"

제인은 꿈을 꾸는 것만 같았어요. 그토록 원하던 아프리카에 갈 수 있게 된 거예요. 제인은 열심히 일하며 케냐로 갈 뱃삯을 모았어요. 그리고 네 달 후 케냐 캐슬호를 타고 아프리카로 떠났지요.

1957년 4월, 제인은 런던을 떠난 지 이십일 일 만에 케냐의 항구 도시 몸바사에 도착했어요. 제인의 나이 스물세 살 때였어요.

클로네 농장으로 가는 길에 제인은 기린 한 마리가 도로에 서 있는 것을 보았어요. 기린은 느릿느릿 나뭇잎을 씹고 있었어요. 살아 있는 기린을 본 건 그때가 처음이었어요.

제인은 그제야 아프리카에 왔다는 걸 실감할 수 있었어요. 드디어 오랫동안 꿈에 그리던 땅을 밟은 거예요.

"아프리카다! 둘리틀 선생의 아프리카! 타잔이 사는 아프리카에 온 거야!"

꺄아— 기린이다!

클로네 농장에서 멋진 삼 주를 보낸 뒤, 제인은 케냐의 수도 나이로비로 갔어요. 그리고 그곳에 있는 한 영국 회사에서 타자 치는 일을 시작했어요. 일이 썩 마음에 들지는 않았지만, 아프리카에 남아서 동물들과 함께 지내는 길을 찾으려면 어쩔 수 없었어요.

'참고 견디자. 아프리카에 오는 꿈도 이루어졌잖아. 언젠가는 동물들과 살면서 글을 쓰는 날이 올 거야.'

두 달 후 한 친구가 제인에게 말했어요.

"동물 연구를 하고 싶다고? 그럼 루이스 리키 박사를 만나 봐. 나이로비 자연사 박물관 관장 말이야."

리키 박사는 세계적인 인류학자이자 고생물학자였어요. 인류의 조상을 밝히기 위해 먼 옛날 지구에 살았던 동물들과 인간에 대해 연구하고 있었지요.

제인은 리키 박사와 박물관을 둘러보며 이야기를 나누었어요. 리키 박사는 아프리카 동물들에 대한 제인의 지식에 크게 감탄했어요.

"자네는 대학에 다닌 적도 없는데, 아프리카 동물에 대해 아주 잘 알고 있군. 호기심과 열정도 대단하고. 나와 함께 일해 보지 않겠나?"

제인은 리키 박사와 함께 올두바이 골짜기로 탐사를 떠났어요. 탄자니아의 올두바이 골짜기에는 오래전 이곳에 살았던 여러 동물들의 화석이 묻혀 있었어요.

뜨거운 태양 아래에서 화석을 발굴하기는 쉽지 않았어요. 하지만 수백만 년 전 지구를 걷던 동물의 뼈를 발견할 때면 그간의 고생이 모두 잊혔지요.

'화석을 발굴하는 것은 멋진 일이야. 하지만 나는 죽은 동물이 아니라 살아 있는 동물을 연구하고 싶어.'

리키 박사와 일하는 동안 제인의 꿈은 더욱 확실해지고, 열정은 점점 뜨거워졌어요.

언젠가 살아 있는 동물을 연구하고 싶어.

    그 무렵 리키 박사는 침팬지를 연구할 사람을 찾고 있었어요. 침팬지를 관찰하면 오래전 인류의 조상들이 어떻게 살았는지 이해할 수 있을 거라고 생각했거든요.
    제인은 그 일을 무척 하고 싶었어요. 몇 달이든 몇 년이든 밀림에서 침팬지를 관찰할 자신이 있었어요. 하지만 한편으로 제인은 자신에게 자격이 없다고 생각했어요. 밀림에서 살아 본 적도, 야생 동물을 다루어 본 적도, 대학에서 침팬지에 대해 공부한 적도 없었으니까요.

제인의 걱정과 달리 리키 박사는 침팬지를 연구할 사람으로 제인을 추천했어요.

"제인, 학위는 중요하지 않아. 자네는 그 누구보다 침팬지들을 조심스럽게 관찰하고 정확하게 기록할 수 있을 거야."

제인은 우선 영국으로 돌아가서 침팬지에 대해 공부하기로 했어요. 런던 동물원에서 일하며 틈날 때마다 우리에 갇힌 침팬지들을 보러 갔지요. 그런데 그중 수컷 침팬지 딕은 상태가 아주 안 좋았어요. 오랫동안 작은 우리에 갇혀 지냈기 때문이지요. 제인은 굳게 다짐했어요.

'언젠가 동물원에 사는 침팬지들을 도울 거야.'

언젠가 도와줄게!

제인은 탄자니아에 있는 '곰베강 침팬지 보호 구역'에서 침팬지를 연구하기로 했어요. 그런데 갑자기 영국 정부에서 제인이 탄자니아에 가는 것을 반대했어요.

"젊은 여자 혼자 아프리카 밀림에 들어가는 것은 위험합니다. 함께 갈 사람이 있어야 허락할 수 있습니다."

당시 탄자니아는 영국의 지배를 받고 있었어요. 영국 정부의 허락 없이는 탄자니아에 들어갈 수 없었지요. 리키 박사는 고민에 빠졌어요.

'목숨을 걸고 제인과 밀림에 갈 사람이 있을까?'

다행히 리키 박사의 고민은 쉽게 해결되었어요. 제인의 어머니가 제인과 함께 탄자니아에 가기로 한 거예요.

1960년 7월, 제인은 탄자니아 곰베 국립 공원에 도착했어요. 제인은 시냇가 근처의 나무 그늘 아래에 텐트를 치고 침팬지 연구 캠프를 차렸어요.

"리키 박사는 제정신이 아닌 게 틀림없어. 대학 교육도 못 받은 젊은 여자를 아프리카 밀림에 보내서, 도대체 뭘 연구하겠다는 거야?"

사람들은 리키 박사와 제인을 비웃었어요. 그들은 제인이 금세 연구를 포기하거나, 밀림에서 죽을 거라며 깔보았지요. 하지만 제인은 흔들리지 않았어요.

'나는 지금 아프리카에서 야생 동물들과 함께 살고 있어. 이제부터 동물들을 관찰해 글도 쓸 거고. 오랜 꿈이 드디어 이루어진 거야.'

　제인은 캠프를 차린 다음 날부터 부지런히 침팬지를 찾아 나섰어요. 하지만 침팬지를 관찰하기는 쉽지 않았어요. 제인이 아무리 조심스럽게 다가가도 침팬지들은 금세 알아차리고 도망쳐 버렸어요.
　'벌써 석 달이 넘었는데 침팬지에 대해 알아낸 게 거의 없어…….'
　제인은 불안했어요. 연구비는 겨우 육 개월치뿐이었어요. 그사이에 침팬지에 대해 새로운 사실을 발견하지 못하면 연구를 그만둬야 했어요.
　제인은 우선 멀리 떨어진 곳에서 쌍안경으로 침팬지를 지켜보기로 했어요. 산꼭대기에 오르면 곰베의 숲이 한눈에 들어왔어요.

제인은 해가 뜨기 전부터 해가 질 때까지 하루에 열두 시간 가까이 침팬지를 관찰했어요. 밤에는 그날 새로 알아낸 사실들을 기록했어요. 그렇게 제인은 조금씩 침팬지들이 사는 방식에 대해 배워 나갔어요.

침팬지는 대개 무리를 지어 움직였어요. 하나의 무리는 여섯 마리를 넘지 않았는데, 큰 나무에 열매가 익을 때면 여러 무리가 섞여 있기도 했어요.

시간이 지나면서 제인은 침팬지들의 얼굴을 알아볼 수 있게 되었어요. 제인은 얼굴을 익힌 침팬지들에게 이름을 지어 주었어요. 턱수염이 난 잘생긴 수컷 침팬지는 '데이비드 그레이비어드', 크고 힘센 수컷 침팬지는 '골리앗', 대머리 수컷 침팬지는 '미스터 맥그리거'라고 불렀지요.

데이비드 그레이비어드

미스터 맥그리거

골리앗

가장 좋아하는 침팬지

어느 날 제인은 데이비드 그레이비어드가 나뭇가지에 앉아서 고기를 먹는 모습을 보고 깜짝 놀랐어요. 나무 밑에는 죽은 새끼 멧돼지가 있었어요.

그때까지 침팬지는 채소나 과일을 먹는 초식 동물이라고 알려져 있었어요. 제인은 침팬지가 사냥을 하고, 고기를 먹는다는 사실을 처음으로 세상에 알렸어요.

얼마 후 제인은 더욱 놀라운 사실을 발견했어요. 데이비드 그레이비어드가 흰개미 굴 앞에 웅크리고 앉아 있었어요. 데이비드 그레이비어드는 풀잎을 꺾어 흰개미 굴에 집어넣더니, 잠시 후 천천히 빼냈어요. 풀잎에는 흰개미들이 잔뜩 매달려 있었어요. 데이비드 그레이비어드는 풀잎을 뜯고 있는 흰개미를 입술로 훑어 내어 아작아작 씹어 먹었어요. 풀잎이 꺾이자 버리고, 새로운 풀잎을 주워 다시 흰개미 굴 속에 넣었어요.

"이럴 수가! 데이비드 그레이비어드가 도구를 써서 흰개미를 잡고 있잖아! 지금까지 인간만이 도구를 이용할 줄 안다고 생각했는데!"

제인은 이 놀라운 소식을 리키 박사에게 알렸어요.

"세상에! 정말 놀라운 발견이야. 제인, 자네가 해냈군!"

리키 박사는 침팬지가 도구를 사용한다는 사실을 '내셔널 지오그래픽 소사이어티'에 발표했어요. 덕분에 제인은 몇 년 동안 쓸 수 있는 연구비를 받게 되었지요.

　제인이 침팬지를 알아 가는 동안, 침팬지들도 제인을 조금씩 받아들이기 시작했어요. 어떤 침팬지는 제인의 캠프에 와서, 제인이 놓아둔 바나나를 먹기도 했어요.

　침팬지를 더 가까이에서 규칙적으로 관찰할 수 있게 되면서, 제인은 침팬지에 대해 많은 것을 알게 되었어요.

　침팬지가 하는 행동은 사람과 비슷한 것이 많았어요. 침팬지는 반가울 때 서로 끌어안고 입을 맞췄어요. 겁이 날 때는 손을 잡거나 매달렸어요.

    누군가를 달랠 때는 부드럽게 등을 두드려 주었어요. 또 화가 났을 때는 주먹을 날리거나 발로 차기도 했어요.

    어린 침팬지들은 서로를 간질이며 낄낄거리는 장난을 자주 쳤어요. 레슬링 같은 걸 하면서 놀기도 했는데, 가끔은 어른 침팬지들도 끼어들어 함께 어울렸어요.

　나이 든 암컷 침팬지 '플로'는 제인이 특히 좋아한 침팬지 중 하나였어요. 플로는 주먹코에 찢어진 귀 때문에 알아보기 쉬웠고, 제인의 캠프에도 자주 놀러 왔어요.
　제인은 플로를 따라다니면서 침팬지가 어떻게 새끼를 키우는지 관찰했어요. 플로는 참을성이 있고 정이 많은 어미였어요. 딸 피피, 아들 피건과 늘 함께 다니며 털 고르기를 해 주고, 업어 주며, 잘 놀아 주었지요.

하지만 새끼를 잘 돌보지 못하는 침팬지도 있었어요.
'패션'은 새끼보다 자기 먹는 데 더 관심이 많은 신경질쟁이 암컷이었어요. 그래서인지 패션의 새끼들은 다른 침팬지들과 잘 어울리지 못하고 공격적이었어요. 엄마가 언제 자기를 버리고 갈지 몰라 불안해서 그랬던 거예요.

플로와 패션을 관찰하는 동안, 제인은 침팬지 새끼가 어미가 하는 행동을 따라 하면서 자란다는 것을 알게 되었어요. 마치 사람처럼 말이에요.

드디어
데이비드 그레이비어드의 털 고르기를 하다니!

제인은 침팬지들과 점점 더 가까워졌어요.

1962년 크리스마스에 제인은 데이비드 그레이비어드의 털 고르기를 해 주었어요. 침팬지에게 털 고르기는 매우 중요한 일이에요. 털 고르기는 침팬지의 털을 깨끗하게 해 줄 뿐 아니라, 마음을 편안하게 해 줘요. 또 침팬지들이 서로 친해지는 방법이기도 해요.

제인은 플로의 아들 피건과 서로 간질이며 레슬링을 하기도 했어요. 하지만 제인은 나중에 그 일을 후회했어요. 침팬지는 사람보다 훨씬 더 힘이 센 데다, 사람이 침팬지에게 병을 옮길 수도 있기 때문이었어요.

'다 자란 수컷 침팬지는 성인 남자보다 세 배나 힘이 세. 만약 피건이 사람이 약한 동물이라는 걸 깨달았다면, 위험한 일이 생겼을지도 몰라. 게다가 침팬지들과 너무 가깝게 지내다가는 사람의 병을 옮길 수도 있어.'

그 후 제인은 일부러 침팬지를 만지려고 해서는 안 된다는 규칙을 만들었어요.

피건과의 레슬링

 침팬지들이 제인의 캠프를 찾아오기 시작한 지 얼마 지나지 않았을 때였어요. 네덜란드의 사진작가 휴고 반 라윅이 곰베에 왔어요. 제인이 침팬지들과 함께 있는 사진을 찍고, 다큐멘터리 영화를 만들기 위해서였지요.
 제인과 휴고는 곧 사랑에 빠졌어요. 휴고도 제인처럼 동물을 사랑했지요. 두 사람은 1964년에 결혼했어요.

1965년 제인과 휴고가 만든 다큐멘터리 「야생 침팬지의 사생활」이 미국 텔레비전에서 방송되었어요. 제인이 곰베 국립 공원에서 야생 침팬지를 관찰한 과정을 담은 것이었지요.

　「야생 침팬지의 사생활」 덕분에 제인의 침팬지 연구에 관심을 가지는 사람이 많아졌어요. 침팬지가 도구를 사용하고, 짐승을 사냥해서 먹는다는 사실도 널리 알려졌어요. 제인은 침팬지를 보기 위해 곰베에 오는 학생들과 연구자들을 위해 '곰베강 연구 센터'를 만들었어요.

리키 박사는 제인에게 박사 학위를 받으라고 권했어요.

"제인, 침팬지 연구를 계속하려면 박사 학위를 받는 게 좋겠어. 그래야 그동안 자네가 연구한 것을 학자들에게 제대로 인정받을 수 있을 거야."

리키 박사의 도움으로 제인은 케임브리지 대학교에서 동물 행동학 박사 과정을 공부하게 되었어요.

제인은 영국 케임브리지와 탄자니아 곰베를 오가며 열심히 공부하고 논문을 썼어요. 하지만 지도 교수에게 혼나는 일도 많았어요.

"제인, 이게 뭔가! 플로, 데이비드 그레이비어드, 미스터 맥그리거……. 동물에게 번호를 매기지 않고 이름을 붙이다니! 기본이 안 되었군."

교수는 동물에게는 개성도, 성격도, 감정도 없다고 생각했어요. 하지만 제인은 그렇게 생각하지 않았지요.

"교수님, 침팬지는 한 마리 한 마리가 다 다를 뿐 아니라 기쁨, 슬픔, 행복, 불안, 분노, 절망 같은 감정도 느낍니다. 저는 절대 침팬지를 번호로 부를 수 없어요."

제인은 물러서지 않았어요. 박사 학위를 포기하는 일이 있더라도 침팬지에게 이름 대신 번호를 붙일 수는 없다고 생각했지요.

플로와 미스터 맥그리거 말씀이신가요? 침팬지는 '그것'이 아닙니다! 그들도 감성과 개성이 있습니다.

결국 제인이 이겼어요. 1966년 제인은 케임브리지 대학교에서 동물 행동학 박사 학위를 받았어요. 제인은 대학을 나오지 않고 박사 학위를 받은 아주 특별한 사람이었어요.

같은 해 곰베에서는 사람들 사이에 돌던 유행성 소아마비가 침팬지들에게 퍼지기 시작했어요. 사람과 침팬지는 유전자가 비슷해서 서로 병을 옮기기 쉬웠어요.

제인과 곰베강 연구 센터 사람들은 바나나에 약을 넣어 침팬지에게 주었어요. 덕분에 많은 침팬지가 살아남았지만, 죽거나 장애를 얻은 침팬지도 있었어요.

미스터 맥그리거는 다리와 방광의 근육이 마비되어, 오줌을 줄줄 흘리고 다녔어요. 파리 수천 마리가 미스터 맥그리거를 따라다녔지요.

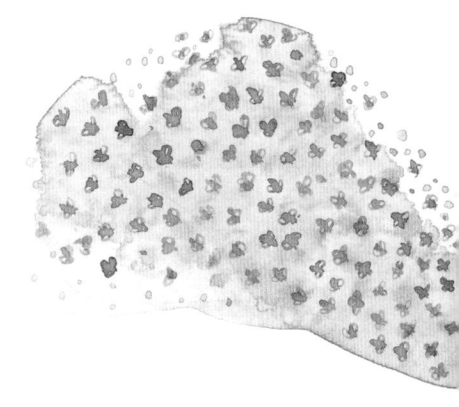

침팬지들은 몸이 불편한 미스터 맥그리거를 싫어했어요. 미스터 맥그리거가 다가가면 이리저리 도망쳤고, 털 고르기도 자기들끼리만 했어요. 제인은 인정머리 없는 침팬지들 때문에 마음이 아팠어요.

"미스터 맥그리거……."

미스터 맥그리거는 제인이 준 삶은 달걀을 먹고 세상을 떠났어요. 달걀은 미스터 맥그리거가 가장 좋아하는 음식 중 하나였어요.

    1967년 5월, 제인은 아들 휴고 에릭 루이스 반 라윅을 낳았어요. 제인은 아들을 이름 대신 '파헤치다'라는 뜻의 '그럽'이라고 불렀어요. 어린 그럽이 삽질하듯이 밥을 먹었기 때문이지요.

    제인은 어머니에게 배운 대로 그럽을 키웠어요. 플로를 관찰한 것도 큰 도움이 되었어요. 어떤 순간에도 새끼를 혼자 내버려 두지 않았지요. 새끼가 말썽을 피울 땐 엄하게 야단을 쳤지만, 늘 자신이 사랑하고 있다는 것을 새끼가 잊지 않도록 잘 돌봐 주었어요.

1972년 플로가 세상을 떠나자, 제인은 마음이 텅 빈 것 같았어요. 플로의 죽음은 영국의 신문 《타임스》에도 실렸어요. 동물의 죽음을 알리는 기사가 실린 건 그때가 처음이었지요.

'나의 오랜 친구 플로, 그동안 침팬지에 대해 많은 것을 가르쳐 주어서 고맙다.'

플로의 죽음을 슬퍼한 건 제인만이 아니었어요. 플로의 막내아들 플린트는 아무것도 먹지 않고 플로가 죽은 강가에 웅크리고 앉아 슬퍼했어요. 결국 플린트는 병에 걸려 플로가 죽은 지 삼 주 만에 죽고 말았지요.

그럽이 일곱 살 때, 제인은 휴고와 이혼했어요. 휴고는 사진을 찍고 영화를 만들기 위해 전 세계를 돌아다녀야 했어요. 하지만 제인은 곰베에서 침팬지들을 관찰하며 시간을 보내고 싶었지요.

이혼한 지 얼마 지나지 않아 제인은 탄자니아 국립 공원의 책임자인 데릭 브라이슨을 만났어요. 데릭은 제2차 세계 대전 때 전투기를 조종하다가 사고를 당해 다리가 불편했어요. 지팡이 없이는 걷기가 힘들었지요.

하지만 데릭은 탄자니아의 사람들과 동물들을 위해 열심히 일했어요. 제인의 침팬지 연구에도 많은 도움을 주었지요.

 1975년 제인은 데릭과 결혼했어요. 많은 사람들이 두 사람을 축복해 주었어요.
 "드디어 제인이 영원히 함께할 짝을 찾은 것 같아."
 제인은 데릭과 함께 소형 비행기를 타고 탄자니아의 여러 국립 공원들을 돌아보았어요. 그래도 제인이 가장 많은 시간을 보낸 곳은 침팬지들이 있는 곰베였어요.

그 무렵 제인에게는 힘든 일이 많았어요. 1975년에는 곰베강 연구 센터의 학생들이 납치되었어요. 탄자니아의 이웃 나라인 자이르(지금의 콩고 민주 공화국)에서 정부에 반대하는 반군들이 학생들을 데려간 거예요. 학생들은 반군들에게 엄청난 몸값을 낸 후에야 풀려났어요.

1974년부터 사 년간은 침팬지들 사이에 전쟁이 벌어졌어요. 두 무리로 나뉜 침팬지들은 한쪽이 거의 죽임을 당할 때까지 싸웠어요.

그뿐만이 아니었어요. 암컷 침팬지 패션과 패션의 딸 폼은 다른 침팬지의 갓 태어난 새끼를 죽여서 먹었지요.

그동안 많은 면에서 침팬지들이 인간보다 낫다고 믿었던 제인은 큰 충격을 받았어요.

'먹을 게 부족한 것도 아닌데 전쟁을 벌이고, 어린 침팬지를 잡아먹다니……. 침팬지에게도 잔인한 본성이 있었어, 사람처럼.'

제인은 너무나 괴로웠어요. 하지만 가장 큰 고통은 남편 데릭이 암에 걸린 것이었어요. 데릭은 암을 진단받은 지 몇 달 만에 세상을 떠났어요.

제인은 곰베의 숲에서 오랫동안 울었어요. 곰베의 숲이 제인의 슬픔을 어루만져 주는 것 같았지요.

제인은 다시 침팬지 연구에 몰두했어요. 그리고 1986년 『곰베의 침팬지들』이라는 책을 세상에 내놓았어요.

"제인, 이 책은 침팬지 연구자들에게 성경 같은 책이 될 거예요!"

『곰베의 침팬지들』은 학자들뿐 아니라, 많은 사람들에게 좋은 평가를 받았어요. 제인이 대학을 나오지 않았다고 비아냥대던 사람들도 더는 제인에게 아무 말 하지 못했지요.

『곰베의 침팬지들』이 나온 뒤 제인은 시카고에서 열린 한 회의에 참석했어요. 침팬지를 연구하는 학자들이 한자리에 모여 그동안의 연구 결과를 발표하고, 침팬지들이 처한 위험에 대해 의논하는 자리였어요.

회의를 하는 동안 제인은 침팬지를 연구하고 책을 쓰는 것만큼이나 침팬지를 보호하는 일이 중요하다는 것을 알게 되었어요.

20세기 초 아프리카에는 약 이백만 마리의 침팬지가 있었어요.

하지만 1980년대에는 겨우 십오만 마리밖에 되지 않았지요. 사람들이 논밭을 만들고 집을 짓고 땔감을 구하기 위해 침팬지가 사는 숲을 없앴기 때문이에요. 또 침팬지를 먹

거나 애완동물로 키우기 위해 사냥하는 사람들도 많았어요. 서커스단이나 동물원, 실험실의 침팬지들은 좁은 우리에 갇힌 채 함부로 다뤄졌어요.

제인은 그동안 침팬지들에게 받은 것을 되돌려 주기로 마음먹었어요. 침팬지를 비롯해 '모든 생명이 행복한 세상'을 위해 자신의 남은 인생을 바치기로 결심한 거예요.

제인은 전 세계를 돌며 침팬지가 얼마나 놀라운 존재인지 사람들에게 알렸어요. 동물을 연구하고 보호하는 데 필요한 돈도 모았어요. 그리고 그렇게 모은 돈으로 아프리카 곳곳에 침팬지 보호소를 만들고, 자연 보호 운동을 벌이고, 동물원과 실험실의 동물들이 좀 더 나은 환경에서 살 수 있도록 도왔어요.

1991년에는 어린이들과 함께 환경 운동 단체인 '뿌리와 새싹'을 만들었어요. 더 많은 사람들이 자기 주변의 이웃과 동물, 환경에 대해 관심을 갖게 하기 위해서였지요.

제인은 '뿌리와 새싹'이라는 이름이 무척 마음에 들었어요. 뿌리는 땅 밑에서 나무를 단단히 붙들어 주고, 작고 약해 보이는 새싹은 햇빛을 받기 위해 벽돌 담장도 뚫고 나와요. 제인은 세상의 뿌리이자 새싹인 어린이들이 지구를 더 살기 좋은 곳으로 바꿀 수 있다고 믿었어요.

우리나라에도 2007년 '뿌리와 새싹'이 생겼어요. 또 2013년에는 제인과 함께하는 '생명 다양성 재단'이 만들어져 동물을 구하고 자연을 보호하기 위해 다양한 노력을 기울이고 있지요.

제인은 여든이 넘은 나이에도 일 년에 삼백 일 넘게 여행을 다니며 강연을 했어요. 하얗게 센머리를 하나로 묶고 비행기를 집 삼아, 모든 생물이 살기 좋은 세상을 만들기 위해 전 세계를 누볐지요.

"내가 지치지 않고 동물과 환경, 이웃에 대한 사랑을 전할 수 있는 것은 채식과 '뿌리와 새싹' 친구들 덕분입니다. 나는 고기를 먹지 않고 채소나 과일로 식사를 합니다. 사람들이 고기를 적게 먹어야 좁은 우리에서 불쌍하게 사는 동물들이 줄어든다고 믿기 때문이지요. 세계 곳곳에서 동물과 자연을 보호하기 위해 애쓰는 '뿌리와 새싹' 친구들도 큰 힘이 됩니다. 동물과 환경에 대해 올바른 생각을 가진 어린이들이 자라 어른이 되면 지구는 지금보다 훨씬 살기 좋은 곳이 될 거예요."

# ♣ 사진으로 보는 제인 구달 이야기 ♣

### 동물 행동학자들은 무슨 일을 할까?

제인 구달처럼 동물의 행동을 연구해서 그 행동의 의미를 탐구하는 사람을 '동물 행동학자'라고 해요.

오스트리아의 **콘라트 로렌츠**는 최초의 동물 행동학자로 불려요. 로렌츠는 관찰을 통해 갓 태어난 새끼 회색기러기가 맨 처음 본 움직

콘라트 로렌츠(왼쪽)와 니콜라스 틴베르헌(오른쪽)이에요. 두 사람은 카를 폰 프리슈와 함께 1973년 노벨 생리 의학상을 받았어요.

이는 물체를 따른다는 사실을 알아냈어요.

　로렌츠는 관찰한 사실을 바탕으로 몇 가지 실험을 해 보았어요. 우선 회색기러기의 둥지에서 알을 몇 개 꺼내 회색기러기 새끼가 알을 까고 나오기를 기다렸어요. 그런 다음 갓 태어난 회색기러기 새끼들과 몇 시간 동안 같이 있었어요. 그러자 회색기러기 새끼들은 어미가 아니라 로렌츠를 졸졸 쫓아다녔어요. 로렌츠를 어미로 안 거예요. 로렌츠는 이러한 현상을 '각인'이라고 이름 붙였어요.

　네덜란드의 **니콜라스 틴베르헌**은 여러 종류의 갈매기에 대한 연구로 유명해요. 제인 구달이 침팬지를 연구하기 위해 탄자니아 곰베에 간 것처럼, 틴베르헌은 갈매기들이 알을 낳는 울퉁불퉁한 돌투성이 언덕과 절벽으로 갔어요.

　틴베르헌은 오랜 시간 갈매기들을 관찰해서 재갈매기나 검은머리물떼새가 커다란 알을 보면 크게 흥분한다는 사실을 알아냈어요. 틴베르헌이 커다란 가짜 알을 재갈매기와 검은머리물떼새의 둥지 부근에 놓아두자, 새들은 자신의 알을 버리고 가짜 알을 품으려고 했지요.

　오스트리아의 **카를 폰 프리슈**는 60년 넘게 꿀벌의 행동을 연구해,

카를 폰 프리슈는 꿀벌을 연구해서 인간이 아닌 다른 동물들도 언어를 사용한다는 것을 밝혔어요.

꿀벌의 언어에 대해 알아냈어요. 꿀이 들어 있는 꽃을 발견한 꿀벌은 원을 그리며 춤을 추거나, 8자 모양의 엉덩이춤을 춰요. 벌집에 있는 다른 벌들에게 꽃의 위치와 거리를 알려 주기 위해서이지요. 꿀벌이 원을 그리며 춤을 춘 다음 그 반대 방향으로 다시 원을 그리며 춤을 추면, 꽃이 벌집에서 가까운 거리에 있다는 뜻이에요. 한편 꼬리 부분을 부르르 떨면서 옆으로 누운 8자 모양으로 엉덩이춤을 추면 꽃이 멀리 떨어져 있다는 뜻이지요.

### 제인 구달의 침팬지 연구

침팬지는 생김새와 행동이 인간과 무척 비슷해요. 침팬지의 유전자는 인간과 98퍼센트 이상 같지요. 하지만 1960년 제인 구달이 탄자니아 곰베에 침팬지를 연구하러 갔을 때만 해도, 사람들은 침팬지에 관해 거의 아는 것이 없었어요.

제인 구달은 인간과 침팬지 사이에 비슷한 점이 많다는 것을 알아냈어요. 침팬지들은 인간처럼 서로 끌어안고 입을 맞추고 악수를 해요. 또 등을 두드려 주거나 간지럼을 태우고 발로 차기도 하지요.

침팬지가 나뭇가지를 개미굴에 넣어서 흰개미를 잡고 있어요.
침팬지도 인간처럼 도구를 사용할 줄 알아요.

　제인 구달은 오랫동안 침팬지와 함께 생활하면서 새로운 사실들을 많이 알아냈어요. 그중에서도 가장 놀라운 발견은 침팬지가 사냥을 하고 고기를 먹는다는 것, 그리고 도구를 사용할 줄 안다는 것이었어요.
　그전까지 많은 사람들이 도구를 만들고 사용하는 것은 오로지 인간만이 지닌 능력이라고 생각했어요. 그런데 제인 구달이 침팬지가 풀잎을 개미굴에 넣어서 흰개미를 잡아먹는다는 것을 알아냈지요. 침팬지는 돌멩이를 망치처럼 써서 딱딱한 나무 열매를 으깨고, 나뭇가지를 쳐서 열매를 따 먹고, 나뭇잎을 꾸깃꾸깃 뭉쳐서 물을 적셔 먹는 등 다양한 도구를 사용해요.
　수컷 침팬지의 경우, 자신의 서열을 높이는 데 도구를 쓰기도 해요. 한 침팬지는 제인 구달의 캠프에서 주운 깡통으로 요란하게 굴어서 무리의 우두머리가 되기도 했지요.

침팬지 연구를 시작한 지 10년이 지났을 때 제인 구달은 침팬지의 폭력성에 대해 알게 되었어요. 서로 다른 두 무리의 침팬지들이 한 지역을 두고 영역 싸움을 벌였는데, 거의 전쟁에 가까웠지요. 이 싸움은 한쪽이 다른 쪽 침팬지들을 거의 다 죽인 뒤에야 끝났어요. 또 제인 구달은 식량이 부족하지도 않은데, 서열이 높은 암컷이 서열이 낮은 암컷의 새끼를 일부러 빼앗아 잡아먹는 것도 관찰했어요.

제인 구달은 사람들에게 침팬지들의 폭력성과 잔인성에 대해서도 알렸어요. 그러면서 "침팬지는 우리가 생각한 것보다 훨씬 더 인간을 닮은 것인지도 모른다"고 말했지요.

숲이 없어지면 침팬지들도 사라질 수밖에 없어요. 그래서 제인 구달은 동물 보호와 함께 자연 보호 운동을 함께 벌였지요.

## 동물 보호 운동에 나선 제인 구달

1980년대 말부터 제인 구달은 멸종 위기에 처한 침팬지를 위해 동물 보호 운동에 적극적으로 나섰어요. 사람들이 논밭을 만들고 땔감을 얻기 위해 침팬지들이 사는 밀림을 마구잡이로 없앴기 때문이지요.

전 세계적으로 매년 약 1억 마리의 동물들이 각종 실험에 쓰인다고 해요. 세계 곳곳에서 많은 사람들이 동물 실험에 반대하며 동물 보호를 위해 애쓰고 있어요.

실험용 쥐의 모습이에요.

침팬지를 사냥해서 애완동물이나 실험용 동물로 사고파는 사람들도 있었어요. 사냥꾼들은 어미 침팬지는 죽여 고기로 내놓고, 새끼는 애완동물로 비싼 값에 팔았어요. 실험실에서는 의약품을 만들거나 화장품을 만들 때 사람에게 안전한지 확인하기 위해 동물 실험을 했어요. 인간과 유전자가 98퍼센트 이상 같은 침팬지는 동물 실험에 많이 이용되었지요.

제인 구달은 침팬지를 비롯한 야생 동물들을 돕기 위해 세계 각국을 돌며 강연을 하고, 다양한 사람들을 만났어요. 실험실과 동물원을 찾아가 동물들이 더 나은 환경에서 살 수 있도록 힘을 보태기도 했어요.

아프리카의 콩고, 탄자니아, 케냐 등지에는 침팬지 보호소를 만들었어요. 애완동물로 팔린 새끼 침팬지가 다 자란 뒤에 밀림에 버

제인 구달과 싱가포르 '뿌리와 새싹' 회원들이 나무를 심고 있어요. 제인 구달은 "인간을 비롯한 모든 개체 하나하나가 나름의 역할을 갖고 있으며, 변화를 일으킬 힘을 지니고 있다."고 말했어요.

제인 구달은 1977년 제인 구달 연구소를 세웠어요. 침팬지 연구 결과를 알리고, 침팬지 연구에 필요한 돈을 모으고, 야생 동물 전문가를 키우기 위해서지요. 오늘날 제인 구달 연구소는 아프리카의 침팬지와 야생 동물들을 연구하는 한편, 그들을 보호하기 위해 여러 가지 노력을 기울이고 있어요.

려지는 일이 많았기 때문이지요. 그런 침팬지들은 밀림에서 사는 법을 배우지 못해 위험에 빠지기 쉬웠어요.

**뿌리와 새싹 운동**

1991년 제인 구달은 탄자니아에서 10여 명의 고등학생들과 함께 '뿌리와 새싹'을 만들었어요. '뿌리와 새싹'은 우리 주변의 이웃과 동물, 환경의 소중함을 깨닫고 보호하는 운동이에요.

제인 구달은 '뿌리와 새싹'이라는 이름을 직접 지었어요. '뿌리'는 땅속으로 뻗어 가서 단단한 기초를 만들고, 부드럽고 연약해 보이는 '새싹'은 빛을 보기 위해 벽돌 담장 틈을 뚫고 나오지요.

제인 구달은 사막화나 전쟁 같은 지구의 고민거리가 벽돌 담장이라면, 세계의 수많은 어린이들과 청소년들은 이런 벽을 뚫을 수 있는 뿌리와 새싹이라고 생각해요. 어린이와 청소년들이 동물과 자연과 지구의 여러 문제에 관심을 기울이면 세상을 바꿀 수 있다고 믿지요.

그렇다고 '뿌리와 새싹'이 거창한 일만 하는 건 아니에요. '뿌리와 새싹' 회원들은 우리가 사는 세상을 더 좋게 바꾸기 위해 각자 할 수 있는 일을 해요. 동물을 돌보고, 쓰레기를 줄이고, 분리배출을 하고, 에너지를 절약하고, 나무를 심는 것이지요. '뿌리와 새싹' 운동의 가장 중요한 메시지는 한 사람 한 사람이 실천하는 작지만 의미 있는 일들이, 우리 주변뿐 아니라 세상을 바꿀 수 있다는 거예요.

현재 세계 120여 개 나라에서 많은 사람들이 '뿌리와 새싹' 회원으로 활동하고 있어요. 우리나라에도 2007년에 '뿌리와 새싹' 모임이 만들어져서 유치원생부터 대학생까지 많은 사람들이 사람과 동물이 좀 더 살기 좋은 환경을 만들기 위해 다양한 노력을 기울이고 있지요.

이 책을 쓴 유은실 선생님은 우리나라를 찾은 제인 구달을 직접 만나 이야기를 나누었어요. 제인 구달은 "지구와 지구에서 사는 모든 생명체를 아끼고 사랑할 때 이 세상을 더욱 아름답게 바꿀 수 있다."고 말했지요.

### 다이앤 포시와 비루테 갈디카스

제인 구달을 침팬지 연구로 이끈 루이스 리키는 다이앤 포시와 비루테 갈디카스가 고릴라와 오랑우탄을 연구하도록 돕기도 했어요. 제인 구달, 다이앤 포시, 비루테 갈디카스는 모두 여성인데, 셋 다 관찰력이 뛰어나고 인내심이 강했으며 동물에 대한 사랑과 열정이 컸어요.

마운틴 고릴라는 야생에 1000여 마리 정도밖에 남아 있지 않은 멸종 위기의 동물이에요. 털이 검고 길며 빽빽이 나 있는 것이 특징이에요.

**다이앤 포시**는 1966년부터 아프리카 콩고와 르완다의 비룽가 산맥 등지에서 마운틴 고릴라를 연구했어요. 제인 구달이 그랬던 것처럼 다이앤 포시도 고릴라의 행동과 말을 흉내 내면서 고릴라들이 자신에게 익숙해지도록 노력했지요.

다이앤 포시는 15여 년간 고릴라들을 관찰하고 연구해 그동안 알려지지 않았던 수많은 고릴라들의 행동을 밝혔어요. 다이앤 포시가 쓴 『안개 속의 고릴라』라는 책은 마운틴 고릴라에 대한 사람들의 관심을 크게 불러일으켰어요. 덩치 큰 마운틴 고릴라가 실은 겁 많고 순한 사회적 동물이라는 것도 널리 알려졌지요.

다이앤 포시는 멸종 위기에 처한 마운틴 고릴라를 보호하는 데도 앞

다이앤 포시는 고릴라 사냥꾼들, 인근 주민들에 맞서서 고릴라를 보호했어요. 다이앤 포시가 쓴 책 『안개 속의 고릴라』에는 고릴라를 보호하기 위한 다양한 활동들이 담겨 있어요.

장섰어요. 사냥꾼들이 몰래 설치한 덫을 없애고, 사냥을 방해하는 등 용감하게 맞서 싸웠지요.

**비루테 갈디카스**는 스물다섯 살이던 1971년부터 인도네시아 보르네오섬의 외딴 밀림 속으로 들어가서 오랑우탄을 연구했어요. 오랑우탄은 침팬지나 고릴라와 달리 거의 혼자 지내는 데다, 나무 위에서 살아서 관찰하기가 쉽지 않았어요. 하지만 비루테 갈디카스는 포기하지 않고 오랑우탄이 자신을 받아들일 때까지 계속 쫓아다녔지요.

오랑우탄은 말레이시아어로 '숲속의 사람'이라는 뜻이에요. 인도네시아의 보르네오섬과 수마트라섬의 열대 밀림에 사는데, 얼굴을 뺀 온몸에 붉은 밤색의 긴 털이 나 있어 '붉은 머리 유인원'이라고도 불러요.

제인 구달과 다이앤 포시처럼 비루테 갈디카스도 오랑우탄을 보호하기 위해 많은 활동을 했어요. 오랑우탄이 사는 인도네시아의 열대 우림이 파괴되는 것을 막고, 사냥꾼에게 부모를 잃은 새끼 오랑우탄들을 구조하는 등 오랑우탄을 보호하기 위해 노력했지요.

## 함께 보면 쏙쏙 이해되는 역사

◆ 1934년
영국 런던에서 태어남.

◆ 1940년대
악어 클럽을 만들어 자연을 관찰하고 '늙은 말 구조 협회'에 기부함.

**1930**　　　　　　　　**1940**

◆ 1977년
제인 구달 연구소를 세움.

◆ 1986년
『곰베의 침팬지들』을 펴냄.

**1970**　　　　　　　　**1980**

• 1971년
비루테 갈디카스가 오랑우탄을 연구하기 시작함.

◆ 제인 구달의 생애
● 동물 연구 및 보호의 역사

◆ 1960년
침팬지를 연구하기 시작함.

◆ 1965년
곰베강 연구 센터를 세움.

◆ 1957년
아프리카 케냐에서
고생물학자
루이스 리키를 만남.

◆ 1966년
케임브리지 대학교에서
동물 행동학 박사 학위를 받음.

**1950** | **1960**

● 1966년
다이앤 포시가
마운틴 고릴라를
연구하기 시작함.

◆ 1991년
환경 운동 단체 '뿌리와
새싹'을 만듦.

● 2002년
유엔 평화 대사로 임명됨.

◆ 1995년
내셔널 지오그래픽
소사이어티 허바드상을
받음.

● 2004년
세계 야생 동물 보호 기금
평생공로상을 받음.

**1990** | **2000**

● 2007년
우리나라에 '뿌리와
새싹'이 만들어짐.

● 2013년
우리나라에 '생명 다양성
재단'이 만들어짐.

추천사

# 「새싹 인물전」을 펴내면서

요즈음 아이들에게 '훌륭한 사람'이 누구냐고 물으면 '돈 많이 버는 사람'이라고 대답한다고 합니다. 초등학생의 태반은 가수나 배우가 되고 싶어 하고요. 돈 많이 버는 사람이나 연예인이라는 직업이 나쁘다는 것이 아니라, 아이들이 각자가 갖고 있는 재능과는 상관없이 모두 똑같은 꿈을 갖는 것 같아 걱정입니다. 또 한편으로는 아이들이 진정 마음으로 닮고 싶은 사람에 대한 정보가 부족한 것은 아닌가 하는 생각도 듭니다.

어릴수록 위인 이야기의 힘은 큽니다. 아직 어리고 조그마한 아이들은 자신이 보잘것없다고 생각하고 위인들의 성공에 감탄합니다. 하지만 그네들에게는 끝없이 열린 미래가 있습니다. 신화처럼 빛나는 위인들의 모습은 아이들에게 훌륭한 역할 모델이 되고, 그런 삶을 살기 위해 무엇을 어떻게 해야 할지를 알려 주는 밝은 등대가 됩니다.

그렇다면 우리가 어른으로서 아이들에게 권해야 할 위인전은 무엇일까요? 보통 우리가 생각하는 '위인'은 훌륭한 업적을 남긴

위대한 사람, 멋지고 능력 있는 사람입니다. 하지만 시대가 변했으니 아이들이 역할 모델로 삼을 수 있는 위인의 정의나 기준도 변해야 할 것입니다.

그런 의미에서 비룡소의 「새싹 인물전」은 종래의 위인전과는 다른 점이 많습니다. 시리즈 이름이 '위인전'이 아닌 '인물전'이라는 데 주목하기 바랍니다. 「새싹 인물전」은 하늘에서 빛나는 위인을 옆자리 짝꿍의 위치로 내려놓습니다. 만화 같은 친근한 일러스트는 자칫 생소할 수 있는 옛사람들의 이야기를 일상에서 만날 수 있는 재미있는 사건처럼 보여 줍니다.

또 하나, 「새싹 인물전」에는 위인전에 단골로 등장하는 태몽이나 어린 시절의 비범한 에피소드, 위인 예정설 같은 과장이 없습니다. 사실 이런 이야기들은 현대를 사는 아이들에게는 황당하고 이해하기 힘든 일일 뿐입니다. 그보다는 천 리 길도 한 걸음부터, 큰 성공도 자잘한 일상의 인내와 성실함이 없었다면 이루어질 수 없었다는 것을 알려 주는 것이 중요합니다. 세상 사람들의 우러름을 받는 이들도 여느 아이들과 같은 시절을 겪었음을 보여 줌으로써, 아이들에게 괜한 열등감을 주지 않고 그네들의 모습을 마음속에 담을 수 있도록 해 주는 것입니다.

덧붙여 위인전이란 그 인물이 얼마나 훌륭한 업적을 남겼는가 보여 주는 것도 중요하지만, 얼마나 참된 인간다움을 보였는가를 알려 줄 필요도 있습니다. 여기서 '인간다움'이란 기본적인 선함과 이해심, 남을 위해 봉사할 수 있는 사랑과 배려, 그리고 한 가지 목표를 설정하고 앞으로 나아갈 수 있는 의지와 용기를 말합니다. 성취라는 결과보다는 성취하기 위한 과정을 보여 주고, 사회적인 성공보다는 한 인간으로서 얼마나 자기 자신에게 철저하고 진실했는지를 보여 주는 것이 중요하다는 것입니다.

하지만 아무리 좋은 가르침도 사랑과 따뜻함이 없으면 억누름과 상처가 될 뿐이겠지요. 「새싹 인물전」은 나의 노력과 의지에 따라 얼마든지 의미 있는 삶을 살 수 있음을 알려 줍니다. 내가 알고 있는 삶 외에도 또 다른 삶이 존재할 수 있다는 것, 꿈을 키우고 이루어 가는 과정에서 배우고 경험하게 되는 것들의 가치, 그런 따뜻함을 담고 있는 위인전입니다. 부디 이 책이 삶의 첫발을 내딛는 아이들에게 좋은 길잡이가 되었으면 하는 바람입니다.

기획 위원

박이문(전 연세대 교수, 철학)
장영희(전 서강대 교수, 영문학)
안광복(중동고 철학 교사, 철학 박사)

● 참고 도서
『제인 구달-침팬지와 함께한 나의 인생』, 제인 구달, 사이언스북스
『인간의 그늘에서』, 제인 구달, 사이언스북스
『희망의 밥상』, 제인 구달 외, 사이언스북스
『희망의 이유』, 제인 구달, 궁리
『제인 구달 이야기』, 메그 그린, 명진출판
『제인 구달 평전』, 데일 피터슨, 지호
『제인 구달의 생명 사랑 십계명』, 제인 구달, 마크 베코프, 바다출판사

● 사진 제공
60, 61, 65, 68, 69쪽_ 위키피디아. 62, 63쪽_ 토픽 포토 에이전시. 64, 66쪽_ 제인 구달 재단(photos copyright ⓒJane Goodall Institute, USA). 67쪽_ 비룡소.

글쓴이  유은실

1974년 서울에서 태어났다. 그림책『심청전』,『나의 독산동』, 동화『나의 린드그렌 선생님』,『마지막 이벤트』,『내 머리에 햇살 냄새』,『일수의 탄생』, 청소년 소설『변두리』,『2미터 그리고 48시간』,『순례 주택』등을 썼다.『유관순』,『제인 구달』,『박완서』를 쓰면서, 멋진 여성 인물을 깊이 만나는 귀한 경험을 했다.

그린이  서영아

한국 예술 종합 학교 조형 예술과를 졸업했으며, 어린이 책에 그림을 그리고 있다. 그린 책으로는『무엇이든 세탁해 드립니다』,『인어 소년』,『난생처음 히치하이킹』,『진돗개 보리』,『어떤 아이가』,『해리엇』등이 있다.

새싹 인물전
055

제인 구달

1판 1쇄 펴냄 2014년 3월 28일    1판 14쇄 펴냄 2020년 5월 22일
2판 1쇄 펴냄 2021년 5월 28일    2판 4쇄 펴냄 2024년 1월 18일

글쓴이 유은실    그린이 서영아
펴낸이 박상희    편집장 전지선    편집 송재형    디자인 박연미, 이유림
펴낸곳 (주)비룡소    출판등록 1994.3.17. (제16-849호)
주소 06027 서울시 강남구 도산대로1길 62 강남출판문화센터 4층
전화 02)515-2000  팩스 02)515-2007    홈페이지 www.bir.co.kr
제품명 어린이용 각양장 도서    제조자명 (주)비룡소    제조국명 대한민국    사용연령 3세 이상

ⓒ 유은실, 서영아, 2014. Printed in Seoul, Korea

ISBN 978-89-491-2935-8 74990
ISBN 978-89-491-2880-1 (세트)

# 「새싹 인물전」 시리즈

- 001 **최무선** 김종렬 글 이경석 그림
- 002 **안네 프랑크** 해리엇 캐스터 글 헬레나 오웬 그림
- 003 **나운규** 남찬숙 글 유승하 그림
- 004 **마리 퀴리** 캐런 월리스 글 닉 워드 그림
- 005 **유일한** 임사라 글 김홍모·임소희 그림
- 006 **윈스턴 처칠** 해리엇 캐스터 글 린 윌리 그림
- 007 **김홍도** 유타루 글 김홍모 그림
- 008 **토머스 에디슨** 캐런 월리스 글 피터 켄트 그림
- 009 **강감찬** 한정기 글 이홍기 그림
- 010 **마하트마 간디** 에마 피시엘 글 리처드 모건 그림
- 011 **세종 대왕** 김선희 글 한지선 그림
- 012 **클레오파트라** 해리엇 캐스터 글 리처드 모건 그림
- 013 **김구** 김종렬 글 이경석 그림
- 014 **헨리 포드** 피터 켄트 글·그림
- 015 **장보고** 이옥수 글 원혜진 그림
- 016 **모차르트** 해리엇 캐스터 글 피터 켄트 그림
- 017 **선덕 여왕** 남찬숙 글 한지선 그림
- 018 **헬렌 켈러** 해리엇 캐스터 글 닉 워드 그림
- 019 **김정호** 김선희 글 서영아 그림
- 020 **로버트 스콧** 에마 피시엘 글 데이브 맥타가트 그림
- 021 **방정환** 유타루 글 이경석 그림
- 022 **나이팅게일** 에마 피시엘 글 피터 켄트 그림
- 023 **신사임당** 이옥수 글 변영미 그림
- 024 **안데르센** 에마 피시엘 글 닉 워드 그림
- 025 **김만덕** 공지희 글 장차현실 그림
- 026 **셰익스피어** 에마 피시엘 글 마틴 렘프리 그림
- 027 **안중근** 남찬숙 글 곽성화 그림
- 028 **카이사르** 에마 피시엘 글 레슬리 뷔시커 그림
- 029 **백남준** 공지희 글 김수박 그림
- 030 **파스퇴르** 캐런 월리스 글 레슬리 뷔시커 그림
- 031 **유관순** 유은실 글 곽성화 그림
- 032 **알렉산더 벨** 에마 피시엘 글 레슬리 뷔시커 그림
- 033 **윤봉길** 김선희 글 김홍모·임소희 그림
- 034 **루이 브라유** 테사 포터 글 헬레나 오웬 그림
- 035 **정약용** 김은미 글 홍선주 그림
- 036 **제임스 와트** 니컬라 백스터 글 마틴 렘프리 그림
- 037 **장영실** 유타루 글 이경석 그림
- 038 **마틴 루서 킹** 베르나 윌킨스 글 린 윌리 그림
- 039 **허준** 유타루 글 이홍기 그림
- 040 **라이트 형제** 김종렬 글 안희건 그림
- 041 **박에스더** 이은정 글 곽성화 그림
- 042 **주몽** 김종렬 글 김홍모 그림
- 043 **광개토 대왕** 김종렬 글 탁영호 그림
- 044 **박지원** 김종광 글 백보현 그림
- 045 **허난설헌** 김은미 글 유승하 그림
- 046 **링컨** 이명랑 글 오승민 그림
- 047 **정주영** 남경완 글 임소희 그림
- 048 **이호왕** 이영서 글 김홍모 그림
- 049 **어밀리아 에어하트** 조경숙 글 원혜진 그림
- 050 **최은희** 김혜연 글 한지선 그림
- 051 **주시경** 이은정 글 김혜리 그림
- 052 **이태영** 공지희 글 민은정 그림
- 053 **이순신** 김종렬 글 백보현 그림
- 054 **오드리 헵번** 이은정 글 정진희 그림
- 055 **제인 구달** 유은실 글 서영아 그림
- 056 **가브리엘 샤넬** 김선희 글 민은정 그림
- 057 **장 앙리 파브르** 유타루 글 하민석 그림
- 058 **정조 대왕** 김종렬 글 민은정 그림
- 059 **나폴레옹 보나파르트** 남찬숙 글 남궁선하 그림
- 060 **이종욱** 이은정 글 우지현 그림

061 **박완서** 유은실 글 이윤희 그림
062 **장기려** 유타루 글 정문주 그림
063 **김대건** 전현정 글 홍선주 그림
064 **권기옥** 강정연 글 오영은 그림
065 **왕가리 마타이** 남찬숙 글 윤정미 그림
066 **전형필** 김혜연 글 한지선 그림
067 **이중섭** 김유 글 김홍모 그림
068 **그레이스 호퍼** 박주혜 글 이해정 그림

* 계속 출간됩니다.